AF358397

RÉPUBLIQUE FRANÇAISE

MINISTÈRE DE LA GUERRE

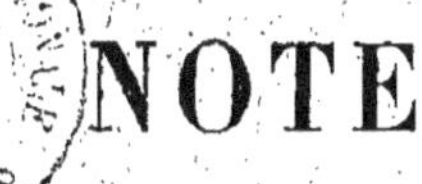

NOTE

SUR LE PROJET DE LOI

INTERDISANT L'EXHUMATION

ET LE TRANSPORT DES CORPS MILITAIRES

FRANÇAIS, ALLIÉS ET ENNEMIS

SUR LE TERRITOIRE FRANÇAIS

PENDANT UNE PÉRIODE À DÉTERMINER

PARIS

IMPRIMERIE NATIONALE

1919

RÉPUBLIQUE FRANÇAISE.

MINISTÈRE DE LA GUERRE.

NOTE

SUR LE PROJET DE LOI

INTERDISANT L'EXHUMATION

ET LE TRANSPORT DES CORPS MILITAIRES

FRANÇAIS, ALLIÉS ET ENNEMIS

SUR LE TERRITOIRE FRANÇAIS

PENDANT UNE PÉRIODE À DÉTERMINER.

Origine de la question.

Pendant toute la durée des hostilités, le Haut Commandement français a interdit dans la zone des Armées les exhumations et transports de corps.

Cette mesure était justifiée par la nécessité évidente pour tous de consacrer, dans cette zone, tous les moyens de transport par voie ferrée exclusivement aux besoins militaires, et, d'autre part, par le souci de ne pas porter atteinte au moral des troupes par la multiplicité des douloureuses cérémonies auxquelles les exhumations et transferts de corps auraient donné lieu. Enfin, il convient de rappeler que l'accès de la zone des Armées était sévèrement réglementé et qu'on n'y pouvait permettre la venue des familles.

Par contre, dans la zone de l'intérieur où les motifs rappelés ci-dessus ne pouvaient être invoqués, les exhumations et transports de corps de militaires ou de civils demeuraient permis à la condition de n'emprunter aucune partie du réseau ferré des Armées.

En raison de cette différence de traitement, les militaires blessés qui ont pu être transportés dans les hôpitaux de l'intérieur et y sont décédés ont pu être rendus à leurs familles.

Ceux qui sont tombés dans la bataille, ou sont morts dans les ambulances du front, sont au contraire restés inhumés dans la zone des Armées et les demandes multiples des familles, pour rentrer en possession du corps de ceux dont la tombe était connue et parfois située à l'extrême arrière, n'ont pu recevoir satisfaction.

Il n'est pas douteux cependant que nombre d'exhumations clandestines ont eu lieu, les unes pour réinhumation sur place dans un cercueil plombé, les autres en vue d'un transport qui s'est effectué par des moyens anormaux (automobile, etc...) et vraisemblablement à prix d'or, grâce au concours d'industriels peu scrupuleux et fort peu soucieux des prescriptions de l'autorité.

Lorsque les hostilités ont pris fin, des familles de militaires inhumés dans la zone des Armées ont pensé que le traitement de rigueur qu'elles avaient subi jusque-là pourrait cesser et qu'elles pourraient obtenir la restitution immédiate des corps de leurs parents, aux fins de transfert dans le cimetière familial. De nombreuses demandes à ce sujet sont parvenues, qui soulignaient avec amertume le sort meilleur réservé aux morts reposant dans la zone de l'intérieur.

Au lendemain de l'armistice, donc, comme on pouvait envisager déjà la suppression de la zone des Armées et le rétablissement de la libre circulation dans toute l'étendue du territoire français limité aux frontières de 1914, il devenait urgent de prendre des dispositions pour que le régime des autorisations d'exhumations et de transports de corps pratiqué pendant toute la guerre dans la zone de l'intérieur ne devint pas, du fait de la disparition de la zone « des Armées », et *ipso facto*, applicable dans toute l'étendue du territoire.

Il y avait à cela de multiples raisons, qui font de cette question une matière extrêmement complexe.

Sans entrer dès maintenant dans le détail de celles qui militent en faveur de l'interdiction des exhumations et transports de corps pendant une durée à déterminer, il est permis de dire que la complexité même du problème justifiait une décision non point seulement réglementaire, ce qui était défendable en droit, mais législative. L'autorité du Parlement semblait en effet seule en mesure d'imposer à l'opinion publique l'obligation d'un délai, au moins, avant la satisfaction de ses légitimes aspirations.

La Commission nationale des sépultures avait été créée par arrêté ministériel du 25 novembre 1918. Mais elle n'avait pas été encore installée, et ne se trouvait pas en situation de procéder aux travaux préparatoires au dépôt d'un projet de loi sur la matière.

Or, l'urgence grandissait chaque jour qu'une mesure intervînt — même à l'état incomplet de simple dépôt d'un projet de loi — pour marquer le sentiment des Pouvoirs publics, en présence du problème à résoudre et de la nécessité matérielle de différer sa solution définitive.

Telle est la genèse du projet de loi déposé le 4 février 1919 par le Gouvernement.

Depuis ce dépôt, la réglementation interdisant les exhumations et transports de corps dans la zone qui fut celle des Armées n'a pas été modifiée — dans l'attente de la décision législative — et le régime qui a été en vigueur pendant la guerre continue à être appliqué : exhumations et transports sont autorisés dans la zone de l'intérieur ; ils restent interdits dans la zone qui fut celle des opérations militaires.

Actuellement, le projet de loi déposé au Parlement le 4 février a été retiré pour être soumis à l'examen de la Commission nationale des sépultures militaires.

Il convient donc d'entrer maintenant à nouveau dans le détail des arguments qui justifient le dépôt d'un projet de loi tendant à interdire provisoirement, et pendant une durée à déterminer, les exhumations et transports de corps sur le territoire français des militaires français, alliés et ennemis décédés pendant la guerre.

Dans l'avenir, le législateur devra décider si, d'une manière définitive, il convient, comme certaines familles le conçoivent, « que le champ de repos du soldat soit le champ d'honneur où il est tombé en plein combat, au milieu de ses frères d'armes, face à l'ennemi », ou si, au contraire, il doit être déféré « au sentiment intime non moins respectable des parents, soucieux de ramener leurs morts au cimetière de leur domicile, au tombeau familial, proche du foyer attristé et plus facilement accessible aux pieux pélerinages ».

La solution adoptée dominera par la suite les travaux de la Commission nationale des sépultures militaires et régira leur orientation.

En attendant qu'une décision puisse intervenir à cet égard, après examen approfondi des multiples données du problème, il importe essentiellement, et dès maintenant, de faire face aux nécessités pressantes de l'heure, à celles qui résultent de l'état et de la nature des tombes dans la zone des opérations militaires.

Il importe, avant de donner satisfaction aux plus légitimes désirs des familles, de subordonner tout sentimentalisme, même le plus pieux et le plus digne de respect, aux contingences naturelles inéluctables, dans l'intérêt même des parents en deuil, dans l'intérêt plus général du pays entier.

Il importe, d'une manière formelle, d'obtenir du Parlement que, pendant un délai à déterminer — et qu'il conviendra de calculer en fonction des difficultés à vaincre, des obstacles à surmonter, des décisions même à prendre dans l'avenir — tout déplacement des corps, en vue de leur restitution aux familles, soit formellement interdit.

MOTIFS QUI JUSTIFIENT UN DÉLAI
AVANT DÉCISION À INTERVENIR AU FOND,
EN MATIÈRE DE MAINTIEN DES CORPS
DANS LES CIMETIÈRES DU FRONT OU DE TRANSPORT
DANS LES CIMETIÈRES CHOISIS PAR LES FAMILLES.

I

Sépultures dans la zone des opérations dès l'origine.

Les sépultures dans la zone des opérations militaires sont de trois sortes :

a) La fosse commune, employée surtout au début de la campagne, dans des conditions souvent fâcheuses, sans que des conditions, même élémentaires, en vue de l'identification, aient été prises ;

b) La tombe isolée, fosse unique, creusée à la hâte, à l'endroit même où le cadavre était découvert après le combat, quelquefois le fossé, bas côté de la route, a été la sépulture du héros tombé là ; souvent l'excavation même causée par l'obus qui l'a tué a servi de tombeau au soldat demeuré sur la place où il a été frappé ; quelquefois, enfin, après une lutte particulièrement meurtrière, de nombreux corps sont restés entre les lignes, inaccessibles aux combattants de l'un et l'autre camps, et n'ont reçu les derniers devoirs qu'après avoir perdu tous les signes susceptibles de permettre leur identification ;

c) La sépulture individuelle en cimetière soit communal, le plus proche, soit militaire, créé pour les besoins du moment.

Lorsque les fronts adverses se sont stabilisés, la pratique a pu s'établir de transporter à l'arrière des lignes, dans les nécropoles préparées à cet effet, les militaires tués pendant l'action ou décédés dans les formations sanitaires voisines. Dans ces cas particulièrement favorables, toutes les mesures propres à une identification complète ont été prises et les tombes soigneusement entretenues et repérées.

Repérage des tombes.

Dès 1916, à la demande du Service général des pensions, il a été organisé aux armées un service de l'état civil chargé de recueillir et de diriger sur l'Administration centrale de la guerre les successions des militaires décédés, de repérer les tombes existantes et d'assurer l'entretien des sépultures.

Malgré une insuffisance notoire de moyens, et la gêne que les opérations militaires ne manquaient pas d'apporter à l'exécution de leur service, les officiers du Service de l'état civil aux Armées ont réussi, grâce à leur inlassable dévouement, à repérer et à faire entretenir un nombre considérable de sépultures.

Au fur et à mesure, les résultats de leurs travaux de repérage étaient adressés au Service général des pensions (Section des renseignements aux familles) d'où, automatiquement, un plan des accès de la tombe et des indications sur son emplacement et son état d'entretien étaient adressés au Dépôt du corps de troupe intéressé pour transmission à la famille.

Il est nécessaire de signaler que, si beaucoup de militaires portés disparus sur les états de pertes furent retrouvés ainsi par le Service de l'état civil, qui put repérer leur tombe, ce qui permit d'obtenir plusieurs milliers de jugements déclaratifs de décès, les recherches furent vaines pour un grand nombre d'autres, soit qu'ils aient été ensevelis par une explosion de mine, soit que, blessés et tombés au pouvoir de l'ennemi, ils soient décédés et aient été inhumés dans ses lignes, sans que les autorités allemandes en aient fait parvenir l'avis.

Influence des événements militaires de 1918.

Alors que les cimetières de l'arrière-front étaient presque tous convenablement entretenus tant par la piété des compagnons d'armes que par les soins du service compétent et que le repérage était terminé dans la plupart des secteurs, les événements militaires de 1918 ont rendu vain tout le labeur antérieurement effectué. La ruée ennemie, jointe à la dévastation qu'entraîne le feu des artilleries modernes, a complètement bouleversé la zone dans laquelle l'armée allemande s'est avancée. Par ailleurs, des terrains que l'ennemi n'a point foulés ont été labourés par les projectiles des canons à longue portée et, dans cette période, des tombes isolées, des cimetières entiers ont disparu sans qu'il soit possible d'en retrouver trace.

Enfin, malgré tous les soins, des tombes isolées, creusées en des endroits peu accessibles, au gré des actions qui s'y étaient déroulées, ont subi les atteintes des intempéries : les *tumuli* se se sont affaissés, les croix ont été arrachées par la tempête, détruites par l'humidité.

Destructions par les éléments naturels, destructions par les actions guerrières ont sans nul doute fait disparaître à jamais un nombre considérable de tombes isolées, voire même des sépultures groupées en cimetières.

Le Service de l'état-civil a entrepris, toutes les fois que c'était praticable, la réfection des cimetières bouleversés. Mais les conditions mêmes dans lesquelles les dégâts ont été commis laissent une incertitude pénible sur l'état du sous-sol : les corps identifiés précédemment reposent-ils toujours à l'endroit exact où on les savait inhumés et où le *tumulus* a été remis en état? Il n'est pas possible de répondre affirmativement.

Telle était la situation au moment où la fin des hostilités fit espérer aux familles qu'elles pourraient rentrer à bref délai en possession de leurs morts héroïques.

Nécessité de l'interdiction des exhumations et des transports pendant un certain délai.

Alors qu'un million de Français environ sont inhumés dans la zone des opérations, alors que, pour deux cent mille sépultures isolées au moins éparses sur le terrain, le nombre des tombes identifiées n'est pas présentement du quart de ce chiffre, pourrait-on concevoir que chacun fût autorisé à rechercher les restes de son parent, à entreprendre des fouilles, à reprendre le corps en admettant que ce fût par ailleurs possible, quant aux moyens de transport ?

Il va de soi que poser la question, c'est y répondre.

Dans de nombreux cas constatés, la douloureuse impatience des familles et leur sensibilité si digne de respect les a conduites à accepter pour des preuves formelles des indications sans la moindre valeur.

Permettre à chacun de procéder à de si pénibles recherches, dans l'émotion inséparable d'une aussi poignante mission, serait laisser sans défense et sans garantie les droits réels des familles respectives; combien emporteraient le corps d'un étranger, voire d'un ennemi, croyant de bonne foi avoir découvert celui de leur parent.

L'identification est donc nécessaire, à la base, pour donner aux parents la certitude que le corps dont ils pourront éventuellement prendre possession dans la suite est bien celui du militaire dont ils pleurent la mort; mais quel n'est pas, à un point de vue plus général, son caractère indispensable, si l'on pense au nombre considérable de disparus — 350,000 environ — dont la situation légale pourra certes être tranchée par une disposition législative (déclaration judiciaire du décès, de droit, au bout d'un certain délai après la disparition — projet de loi déposé par M. le Garde des Sceaux, Ministre de la Justice, et actuellement voté par le Parlement) mais dont le sort effectif ne sera connu des familles, bien souvent, que par les constatations faites par le Service de l'état civil.

S'il est indispensable de procéder avec méthode et calme aux identifications que l'état des restes rendra possibles, il est, pour les services de l'État, un autre devoir impérieux : celui de libérer dans le plus court délai les terrains de culture, les propriétés privées (cours de ferme — jardins) des sépultures isolées qui s'y trouvent et qu'on y créa au hasard des fluctuations de la bataille.

Identification — libération des terrains pour les rendre à leur destination — cette double tâche ne peut s'accomplir que si elle est conduite dans un ordre parfait, suivant des directives précises, par un service spécialisé, hors de la présence des familles.

L'exhumation, l'identification, la libération des terrains ont pour corollaire logique le groupement des sépultures en nécropoles où les morts identifiés auront leur tombe individuelle, dans un cercueil, où les restes anonymes trouveront le repos dans les ossuaires qu'il conviendra d'aménager.

Sans préjuger de l'avenir, sans aucune nécessité que soit actuellement connue la décision définitive qui pourra être prise au sujet du transfert des corps, le groupement des sépultures actuellement isolées en des cimetières déjà existants ou à créer est indispensable pour assurer le bon entretien des sépultures avec le minimum de difficultés.

Les exhumations, les identifications, le groupement doivent être effectués par le Service de l'état civil aux Armées, réorganisé dans les 1re, 2e, 6e, 7e, 20e, 21e Régions, sous l'autorité du Général Commandant la Région, par décision n° 3997. Z. du Président du Conseil, Ministre de la Guerre, en date du 10 février 1919.

Les travaux s'accomplissent sous la direction technique du Sous-Secrétaire d'État de l'Administration de la Guerre (Service général des pensions, 2e Service); ils sont entrepris déjà dans une partie des secteurs prévus et sont en pleine exécution sur tout le front depuis le 1er mai.

Il est impérieusement nécessaire que, pendant toute la durée de leur exécution, les exhumations ne puissent être opérées que par le Service de l'état civil, et les transports ne soient permis qu'aux fins de groupement, par les soins du même service.

Est-ce à dire qu'il est interdit aux familles de venir prier sur les tombes connues ? La circulation dans la zone des opérations a été rendue libre et elles peuvent en toute indépendance remplir leur pieux devoir.

Est-ce à dire que la participation relative des familles aux opérations du Service de l'état civil soit totalement repoussée ?

Si, par les développements qui précèdent, on a montré la nécessité d'une rigoureuse progression sur le terrain, si par conséquent on ne peut envisager la convocation des familles à des opérations qui seraient ainsi subordonnées, dans le temps et dans l'espace, à leur présence, ce qui est évidemment inadmissible, M. le Sous-Secrétaire d'État de l'Administration a autorisé la Fédération des œuvres s'occupant de la recherche des disparus à désigner, pour chaque secteur de l'état civil, deux délégués qui seront accrédités auprès des chefs de secteur et pourront suivre, comme représentants des familles, le détail de l'exécution du service. Il leur sera donc loisible de se tenir en relation avec ces dernières et de constater en leur nom avec quel soin pieux les travaux sont conduits.

Le souci de ne laisser aucun élément de certitude inemployé a conduit à fournir aux officiers de secteur les extraits de toutes les lettres des familles contenant des renseignements de nature à faciliter les identifications.

Les délégués des œuvres pourraient utilement agir dans le même sens.

La conclusion de la première partie de cette étude peut être ainsi formulée :

Les exhumations pour identifications et groupements devaient nécessairement être confiées à un service d'État : il est organisé ; il fonctionne.

Elles doivent s'opérer dans un ordre méthodique qui est incompatible avec la présence des familles.

Elles peuvent être contrôlées par des représentants de celles-ci.

Tant qu'elles ne seront pas terminées, il est de l'intérêt général, comme de l'intérêt des familles elles-mêmes, que tout transport de corps et *a fortiori* toute exhumation privée soient interdits.

II

Transport des corps identifiés. — Crise des transports.

Si les arguments qui précèdent visent les tombes isolées, identifiées ou non, qui sont sujettes à être groupées d'abord, comment répondre à ceux qui sollicitent le transport aux cimetières choisis par les familles, des corps identifiés, actuellement inhumés déjà dans des nécropoles?

a) *Absence de réseau ferré dans certaines régions.*

D'une part, dans les régions libérées, le réseau ferré est détruit en grande partie.

b) *Insuffisance de matériel roulant.*

D'autre part, la crise actuelle des transports ne permet pas de satisfaire aux exigences de la vie économique. L'insuffisance des moyens en matériel roulant qui se fait si durement sentir peut-elle être immédiatement conciliable avec les multiples demandes déjà formulées par les familles?

On ne peut, en toute sincérité, envisager logiquement le transfert méthodique des corps par voie ferrée tant que le régime normal des transports ne sera pas rétabli. Des exceptions individuelles seraient de l'effet le plus fâcheux.

c) *Si les transports sont autorisés, ils doivent s'effectuer aux frais de l'État.*

Serait-il d'ailleurs démocratique de permettre actuellement les transports de corps aux familles qui seraient en mesure d'en assurer les frais? A l'égalité du sacrifice doit correspondre l'égalité du traitement : si les transports de corps doivent être autorisés, on ne peut les concevoir que s'effectuant aux frais de l'État. Or, aucune disposition législative n'a encore été prise dans ce sens, bien que des propositions de résolution aient été présentées. Il faut donc, de toute nécessité, qu'un délai d'interdiction totale soit fixé pour permettre l'élaboration des textes qui pourraient plus tard régir la matière.

Il apparaît bien, d'autre part, que, si des décisions législatives interviennent dans cet ordre d'idées, il sera impossible de donner simultanément et instantanément satisfaction aux centaines de milliers de familles qui réclameront alors le retour de leurs morts aux cimetières de leur choix. Un règlement d'administration publique devra éventuellement être préparé pour fixer les modalités à observer. Il ne semble pas exagéré de dire qu'un délai de quelques mois serait tout à fait insuffisant pour permettre de réunir les trois conditions nécessaires à l'exécution des transferts à prévoir le cas échéant : la fin des opérations matérielles à exécuter, l'élaboration des textes à appliquer et le rétablissement des voies ferrées et du régime normal des transports.

d) *Transports à l'intérieur.*

Dans le projet de loi qui a été déposé, les transports de corps des militaires français, alliés et ennemis sont interdits, tant dans la zone de l'intérieur que dans la zone des opérations militaires.

Cette conception d'une interdiction totale était basée au point de vue national sur les conditions suivantes :

a) Nécessité d'une égalité de traitement pour les militaires tombés dans la bataille et ceux que les hasards de leur destinée a conduits à mourir dans un hôpital du territoire, des suites de leurs blessures ou de maladies ;

b) La crise des transports sévit sur toute l'étendue du réseau français ; puisqu'on l'invoque nécessairement pour les transports à effectuer dans la partie de la zone des opérations où les voies ferrées sont intactes ou déjà rétablies, il n'y a pas de raison pour ne pas l'envisager également sur le reste du territoire. Car la crise est le fait de la pénurie du matériel avant tout, et cette pénurie se fait cruellement sentir sur tous les points du réseau français ;

c) Les transports de corps ne s'effectuant pas actuellement aux frais de l'État, seuls ceux que la fortune a favorisés peuvent les faire exécuter. Il a paru non seulement antidémocratique, mais d'une poignante inégalité, de réserver la possibilité du retour au cimetière familial aux seuls militaires décédés dont les familles sont en situation de consentir un notable sacrifice d'argent.

Ces considérations, à caractère national, devaient seules trouver place dans les motifs d'un projet de loi française. Lorsque, plus loin, on envisagera la question au point de vue international, d'autres arguments surgiront.

En résumant ici les éléments qui militent en faveur d'un notable délai, avant que les transports de corps pussent être éventuellement autorisés, par suite de la crise présente des transports, on peut donc dire :

1° Que l'insuffisance actuelle des transports pour le rétablissement de la vie économique du pays ne permet pas d'immobiliser présentement, et avant plusieurs mois, du matériel roulant pour le transfert des restes de nos glorieux morts ;

2° Qu'autoriser en ce moment des transports de corps aux frais des familles qui peuvent les assumer est une mesure antidémocratique qui heurte le sentiment élevé et poignant de la parité du deuil qui a frappé les pauvres comme les riches ;

3° Que la pénurie de matériel roulant du réseau français pris dans son ensemble étant à la base de la crise des transports, il n'y a pas de raison pour prendre des dispositions différentes à l'égard des corps reposant dans la zone des opérations militaires et de ceux inhumés dans le reste du territoire.

III

Considérations d'ordre international,

Repérages,

identification, groupement, entretien des sépultures.

Le sol français ne détient pas que les corps des militaires français. Des alliés (Britanniques, Américains, Italiens, Belges, etc.) et des ennemis reposent dans la zone des opérations comme dans les diverses parties du territoire de l'intérieur.

A l'égard des tombes de nos alliés, il appartient au Service technique de l'état civil de prendre des dispositions, après entente avec eux, quant à leur repérage, leur identification, leur groupement et leur entretien. C'est chose faite, et le Sous-Secrétariat de l'Administration (Service général des pensions — 2° Service), chargé de la direction technique du Service de l'état civil aux Armées, a conclu les accords de détail nécessaires avec les représentants qualifiés des services analogues alliés. C'est ainsi que des officiers et sous-officiers secrétaires français sont détachés respectivement auprès des secteurs britanniques et américains pour procéder à l'identification des militaires français dont les sépultures existent dans ces secteurs, et que, réciproquement, des liaisons analogues ont été établies auprès de nos officiers de secteurs par les services de « graves registration » britanniques et américains, pour l'identification des corps des soldats alliés.

Ces mesures visent exclusivement l'exécution des travaux urgents que les Armées alliées doivent effectuer, à notre exemple, dans les zones où elles ont opéré particulièrement (exhumations-identifications-groupements) et où les sépultures françaises sont peu nombreuses.

Conformément aux principes adoptés par le Service de l'état civil français pour les tombes des militaires alliés, les cimetières de groupement créés par nos alliés comprennent des groupements en carrés spéciaux pour les tombes françaises.

Les tombes des soldats ennemis sont également groupées distinctement.

Au point de vue plus élevé du sort définitif à assurer aux restes des militaires alliés tombés en France (maintien sur place ou transfert des corps), le contact a été pris avec les Services compétents à la diligence de M. le Sous-Secrétaire d'État de l'Administration de la Guerre, qui a envoyé un officier de son cabinet en mission auprès des services compétents des Armées alliées à l'effet de leur indiquer nos vues, et de connaître leur sentiment sur la matière.

Si la situation est nette en ce qui concerne les Britanniques, les Italiens et les Belges, elle est encore incertaine au point de vue politique, quant aux Américains.

Ici intervient l'élément auquel il a été fait allusion plus haut, à l'occasion des transports éventuels des corps inhumés dans la zone de l'intérieur. Le Gouvernement américain est, quant à présent, lié par les engagements qu'il a pris de procéder au rapatriement aux États-Unis des corps des militaires américains décédés en France. Il est concevable que, même si satisfaction peut ou doit lui être donnée, ce ne saurait être avant un certain délai correspondant, pour l'Armée américaine aussi, aux travaux matériels en cours, semblables à ceux qu'exécute le Service de l'état civil français.

Mais de nombreux corps de militaires américains sont inhumés en France dans la zone de l'intérieur. En permettant dès à présent l'exhumation et le transfert des corps des militaires de toutes nationalités dans cette zone, on rendrait donc possible le rapatriement immédiat des Américains qui y reposent.

N'est-il pas à craindre que l'opinion publique aux États-Unis ne comprenne pas, à si grande distance, l'intérêt de la distinction entre la zone de l'intérieur (rapatriements permis) et la zone des opérations (rapatriements différés) et n'exige, par une pression formelle, la remise totale des corps des militaires américains décédés en France où que ce soit?

N'est-il pas à craindre, même dans l'hypothèse du seul rapatriement des Américains inhumés à l'intérieur, que l'opinion publique française soit douloureusement émue de voir certains de nos Alliés recevoir satisfaction avant que les familles de France puissent obtenir la réalisation de leur vœu le plus cher?

Ces considérations qui ne manquent pas d'intérêt seraient réduites à néant par l'interdiction formelle et totale, pendant un délai à fixer, de toute exhumation, de tout transport de corps de militaire français, allié ou ennemi, dans la zone de l'intérieur comme dans la zone des opérations.

IV

Justification du délai de trois ans fixé par le projet de loi avant que les exhumations pour transferts dans les cimetières choisis par les familles puissent être exécutées éventuellement.

La première impression des personnes qui ont eu connaissance du texte du projet de loi a été qu'un délai de trois ans était trop considérable et devait être notablement réduit. Des durées inférieures ont été proposées, dix-huit mois, six mois même.

Il est facile de concevoir la nature du sentiment qui a dicté ces opinions; *a priori,* le désir de donner, dans le plus court délai, satisfaction aux vœux des familles qui demandent la restitution des corps de leurs chers morts est, de toute évidence, à la base des propositions ainsi formulées. Quelque particulièrement respectable que soit cette considération, il est indispensable de préciser ici qu'elle ne tient pas compte de toutes les contingences de la question.

Trois années seraient évidemment excessives s'il ne s'agissait que des travaux d'exhumations, d'identifications de corps et de groupement des tombes isolées ; il est d'autre part permis d'espérer qu'avant la fin de semblable période, le régime des transports aura retrouvé la plus grande partie de ses moyens normaux.

Mais cette durée de trois années est un délai minimum absolument nécessaire si l'on songe à l'énorme et indispensable tâche que constituera l'aménagement des cimetières dans des conditions susceptibles de répondre à la nature des hommages dus à nos héros.

Si les transferts sont un jour autorisés, il n'est pas douteux qu'ils devront s'exécuter par séries, ce qui demandera un temps considérable. Peut-on concevoir que, jusqu'à ce moment, les nécropoles françaises demeurent dans un état provisoire, entretenues sommairement, alors qu'elles seront le lieu de pèlerinage périodique de milliers de familles et que les hommages s'adresseront de toutes parts à nos héroïques soldats tombés pour la défense du sol national dans leur lutte au nom du droit et de la justice ?

Peut-on concevoir qu'à côté des cimetières britanniques, somptueux dans la grandeur de leur imposante décoration, — car ils ont été conçus et établis pour rester définitifs — les cimetières français conservent l'apparence si modeste qui pourra leur être donnée en quelques semaines de travaux hâtifs, au moment des groupements de sépultures.

Pareille solution ne serait digne ni de la France ni de la mémoire de nos glorieux morts.

Les nécropoles doivent être aménagées avec le soin jaloux de matérialiser dans sa plénitude l'hommage national dû à nos soldats tombés. Des monuments individuels, des monuments collectifs (ossuaires), des monuments commémoratifs seront élevés. Des plantations d'arbres sont à faire, des clôtures, des pavillons de garde à créer. Il importera d'aménager des voies d'accès, des chemins carrossables, en des lieux où règnent pour l'instant le silence et la dévastation.

Il faut en un mot que les familles venant prier sur les tombes aient le réconfort de trouver, dans nos nécropoles militaires, la manifestation formelle du culte national qui s'associe au deuil de chacune d'elles et puissent, devant cet imposant témoignage de la reconnaissance du pays, sentir leur douleur fraternellement partagée, le souvenir des morts pieusement conservé par tout un peuple.

Il faut qu'en présence de l'œuvre accomplie, à laquelle vont participer les illustrations de l'art et de la pensée, qui ont été conviées à prendre place à la Commission nationale des sépultures, les parents s'écrient, comme l'autre jour cette mère, venue prier sur la tombe de son enfant, dans un cimetière militaire que les hasards de la guerre ont sauvé du désastre : « Mon fils est bien là, parmi ses frères d'armes, dans le rang des héros. Pourquoi le reprendre, puisqu'on l'honore ici comme je voulais le faire auprès de moi ? »

Pour mener cette œuvre à bien, le délai de trois ans fixé dans le projet de loi ne paraît nullement excessif.

En résumé, le projet de loi soumis à l'examen de la Commission nationale ne concerne en aucune manière la solution définitive à intervenir au sujet de la remise des corps aux familles ou de leur maintien dans les cimetières du front.

Il a pour but de fixer un délai indispensable :

1° Pour que l'on ait, ultérieurement et éventuellement, la *certitude* de rendre à chaque famille le corps qui lui appartient ;

2° Pour que puissent s'accomplir dans l'ordre et la méthode impérieusement nécessaires les travaux d'identification et de libération des terrains qui sont exigés à la fois par l'intérêt général et les intérêts privés ;

3° Pour que puissent être aménagés, dans les conditions désirables, les cimetières militaires dont l'ordonnance architecturale sera la manifestation matérielle première du culte de la Nation pour ses morts glorieux.

Il précise enfin des mesures telles que l'égalité de traitement soit assurée à tous ceux dont le sacrifice à la Patrie a été le même.

www.ingramcontent.com/pod-product-compliance
Lightning Source LLC
LaVergne TN
LVHW010823180726
843502LV00009B/3511